봄 여름 가을 겨울, 일편단심

문예바다 서정시선집 015

봄 여름 가을 겨울, 일편단심

윤정구

문예바다

| 시인의 말 |

한 방을 꿈꾸다가 일생을 탕진했다
본전 생각 뭉클한 석양 무렵
빚을 갚아야 하는데
어느새 반짝 떠오르는 서녘 별
뜨끔하다

2022년 정월
윤정구

차례 | 봄 여름 가을 겨울, 일편단심

시인의 말 _ 5

제1부 독락당 오르는 길
너구동의 봄 _ 12
너구동의 여름 _ 13
너구동의 가을 _ 14
너구동의 겨울 _ 16
사랑한다, 인마 _ 18
하늘다람쥐 눈 _ 19
노올자 _ 20
고흐의 별 _ 21
굴뚝새 _ 22
복음 _ 24
참새 발자국 글씨 삼매 _ 25
붉은 뜰 _ 26
독락당獨樂堂 오르는 길 _ 28
상강霜降 _ 30
산수유 화엄 _ 31
가파른 저녁 _ 32

제2부 채송화 축지법

세인트 히말라야 _ 34

수매미는 알지 못한다 _ 35

닥나무숲 속의 우물 _ 36

각다귀 고신첩告身帖 _ 37

수렴동 물소리 _ 38

한 뼘 _ 39

성불成佛 _ 40

요 요런, 사람 같으니라구 _ 42

청와헌聽蛙軒 _ 43

백일홍 _ 44

그리운 사람은 모두 부처가 된다 _ 46

채송화 축지법 _ 48

귀룽나무 _ 49

초저녁별 _ 50

매직아이 _ 51

단 한 번만이라도 _ 52

제3부 다시 아산만에서

아버지의 아버지 _ 54

봉인封印 _ 56

단적短笛 _ 58

히이힝, 권진규 _ 59

나마스떼 _ 60

다산초당의 노을 _ 62

다시 아산만에서 _ 64

첫눈 속을 혼자 걷는 사람이 있다 _ 66

말복 _ 68

옥잠화 _ 70

남지기로회도南池耆老會圖를 엿듣다 _ 72

홍도 _ 74

적멸락寂滅樂 _ 75

와 하 하 하… _ 76

별 _ 78

신전 앞에서 _ 80

제4부 소나기를 맞은 염소
꽃다지에게 _ 82
사슴벌레 _ 84
강아지풀을 읽다 _ 86
수석水石을 바라보다 _ 88
흰 옷 입은 아이 _ 90
설청雪晴 _ 92
사과 속의 달빛 여우 _ 94
겨울 제의祭儀 _ 96
아득한 별을 향하여 _ 98
초대 _ 100
금강초롱 _ 102
경포대에서 _ 104
눈 속의 푸른 풀밭 _ 106
소나기를 맞은 염소 _ 108
유리시경琉璃詩境 _ 110
일편단심一片丹心 _ 112

서정抒情을 향하다 • 서녘 하늘에 뜬 별을 바라보며 _ 116

제1부
독락당 오르는 길

너구동의 봄

너구동의 봄 햇살은
돌멩이도 움을 틔우나 보다
따끈해진 돌멩이 속에서
삐약! 삐약!
병아리 소리가 들렸다
돌멩이의 부화孵化라니!
천년을 기다린 돌 속의 병아리가
마침내 부드러운 부리로
딱딱한 돌껍질을 두드리다니!
무심無心 속에
저리 유정有情한 목숨 줄을 심는
햇살의 염력念力으로
돌멩이 하나씩 깨어난다
너구동 골짜기 가득
햇병아리 소리다
날아라 돌멩이들!

너구동의 여름

산머루는 산머루대로
먹다래는 먹다래대로
팥배나무는 팥배나무대로

줄베짱이는 줄베짱이대로
사마귀는 사마귀대로
팥중이는 팥중이대로

너구동의 가을

구일박이 팥중이 녀석이
먹다래나무 우거진 계곡을 오르며
타르르르 장난을 친다

먹다래나무 그늘에서
뜨겁게 껴안고 있는 사마귀 한 쌍을
겁도 없이 먹다래로 놀리고 있다

(아니 요 맹랑한 놈 보게)
화가 난 사마귀가 낫을 쳐들었다
와드득 어금니에 힘을 주었다

입안에서 햇머루가 터졌다
시커먼 사마귀 입술 사이로
새까만 피가 새어 나왔다

(쫙 드라큘라다)
기겁을 한 팥중이가
도망가다 절벽으로 떨어진다

타르르르르 타르르르
사방으로 연발총을 쏘아 대며
팥배나무 숲으로 날아가 숨는다

너구동의 겨울

반 자는 너끈히 되는 솜눈을 덮은
한 치가웃 얼음장 아래는 따듯하다고
지긋이 눈 감고 있는 바위 품속이다
두 살배기 형을 따라 동안거에 들었던
한 살짜리 애기 열목어가
깜박 잠결에 놀라 잠깐씩 날개를 펴서
결가부좌를 확인한다
(아직도 안 자고 있는 거여?)
깊은 잠에서 깬 메기가
큰 입을 벌리고 하품을 한다
피로가 역력한 애기 열목어가
조금 흔들리는 것 같다
(어흠어허흠!)
한 살 더 먹은 형 열목어가
제법 어른처럼 큰기침을 한다
(그래도 어린놈이 제법인 걸…)

동안거가 풀리려면
마지막 이레가 남아 있다
초심자에게는 가장 어려운 고비렷다

사랑한다, 인마

뛰어 내려오는
나를 피해
얼떨결에 전나무 위로 올라간
하늘다람쥐 한 마리
손닿을 수 없는 두 길쯤 위에서 뒤돌아서서
나를 빤히 내려다본다

겁쟁이,
꼭 어린 시절 내 얼굴이다

하늘다람쥐 눈

투욱—
하늘에서 양식이 떨어졌다
깜짝 놀랐던 하늘다람쥐가
두 눈을 반짝이며
잘 익은 도토리 하나
앞발로 집어 든다
하루를 먹을 수 있겠다
하느님, 고마워요
도토리를 낀 두 발을 비빈다
작고 힘없음을 생각하고
때로 하느님을 원망했던 것
용서해 주셔요
새까만 하늘다람쥐 눈에
파란 하늘이 어렸다

노올자

뒤우뚱 뒤우뚱
도토리 하나 들고
집으로 돌아가던 다람쥐
능성이에서
큼직한 도토리 하나 발견한다
반가워서 집으려고 보니
그 앞에도
또 그 앞에도
도토리들이 잔뜩 떨어져 있다
우리 식구
한 달도 더 먹겠네
가지고 가던 도토리를
내팽개치고
다람쥐가 뱅그르르 춤을 춘다
내일 줍자
오늘은 노올자
호이호이 야호

고흐의 별

자귀나무 아래 거무튀튀한 통나무 의자에 앉으면
번쩍이는 것에 가려 잘 보이지 않던 고흐의 별이 보인다
평생을 미친 듯이 살았던 별
제 귀를 자르고 붕대를 동이고도 붓을 들었던 별
타오르는 해바라기 타오르는 향나무
타오르는 밀밭 타오르는 까마귀…
보이는 것들을 불 지르는 방화범처럼
모든 것을 태우고 황홀하게 떨던 별에게
무엇이 남아 아직도 반짝이는지 물어 보았다
이쪽 세상 바라보며 아직도 황홀하게 꿈꾸는 고흐

굴뚝새

점심을 거른 해가
바다 너머로 기울고 있었다

야트막한 언덕 위 교회당
저녁 타종이 끝나고
파란 풍금 반주가 시작될 무렵

마을 귀퉁이
오두막집에서는
돌팔이가
열아홉 살 누이의 연주창을 도려내고 있었다

무심한 어머니는
무쇠솥을 까맣게 씻어
퍼진 보리밥 한구석에
쌀 한 주먹 조심스레 안치고 있었다

포르락포르락
땅에서 땅으로
바닥에서 바닥으로
굴뚝새가 철없이 날고 있었다

밥 자치는 사이
수수마당을 걷고
호밀멍석을 펴는 어머니의
속눈썹이 가늘게 떨렸다

작은 바다 마을이
천천히 노을에 잠기고 있었다

복음

우람한 후박나무 어깨가 움찔한다

후박나무 겨드랑이에서 반짝
새어 나오는 초록빛

납골 속
반짝이는 사리처럼
딱딱한 껍질을 뚫고 나오는,
바늘 끝보다 뾰족한
생명의 끝!

몇 겹이나 어둠 속을 헤매었을까

바깥세상으로 기어 나온
갓 난 잎새 하나가
응애,
송곳 울음을 터뜨린다

참새 발자국 글씨 삼매

등 대고 눕지 못하는 지대방에 들면 졸립다
다섯 살 어린 행자 쌔근쌔근 잠들기 일쑤다

오늘은 조용하다 싶더니
짹짹 짹째굴 참새의 아침 법문을 받아쓴다

어흠어흠 큰스님 헛기침 소리 들릴까 봐
백목련 잔가지 조마조마 흔들리는데

개발새발 큰 붓으로 태연하게 써 내리는
무겁약無怯弱 어린 행자의 참새 발자국 글씨

붉은 뜰

전쟁이 나던 해 유월에도
바람은 배꼽딱지 같은 감꽃을
뜨락 안 가득 풀었다

연주창이 도진 누이는
말없이 감꽃을 꿰어
황토 빛 목걸이를 만들고 있었다

뒤뜰 감나무 곁 작은 골방에
어머니는 수척한 씨암탉처럼
베틀에 앉아 무심히 삼베를 짰다

한 날 한 날 골라
새색시 머리처럼 잘 빗겨서
풀 멕여 말린 삼베올의 탱탱한 촉감

달칵달카닥 황톳물이 배인
베짱이 날개가 만들어지는 동안
어머니는 때때로 사랑가를 불렀다

가락도 두견처럼 슬픈 사랑가
감나무 가지에 휘도록 실어
유월 뜨락 가득 감꽃이 떨어졌다

독락당獨樂堂 오르는 길

탁영대濯纓臺 지나는
물소리는
아이들 글 읽는 소리

회재晦齋* 어르신 계신가
묻는 대신
물소리를 듣고 섰다

매화 몇 송이 벌던 날도
달빛 아래 몇 잔 술로
거문고 소리 맑았다

사려 깊은 벗과 함께
노니는 일만큼
좋은 일이 있으랴만

혼자서 즐거운 곳은
자신에게 묻고 답하며
고개 끄덕이는 집 아닌가

물소리 바람 소리
날마다 새롭고
천년 달빛 그윽하렷다

---

*회재晦齋 : 해동 오현 이언적李彦迪의 호. 독락당은 회재 선생의 경주
 별서 사랑채의 당호이다.

상강 霜降

예쁘고 갸륵하다

곧 무서리 내리고
잣눈 내려 쌓인다는데

아침 하늘 오르며
허공중에 피우는 나팔꽃

몇 발 더 내디디면
두 손에 만져질 듯

곱다, 벽옥빛 명주 하늘

산수유 화엄

만세 부르듯
두 팔을 번쩍 들어 올린
산수유 가지에 매달려
꼬무락거리던 백팔번뇌
점, 점, 점,
빨갛게 익었다
잘 견디어 익히면
번뇌도 곱다는 말씀인가
함박눈 내리면
더욱 기막힐 거라지만
다들 어디로 갔을까
실잠자리, 풀여치, 서리귀뚜리…
짙푸른 산수유 그늘에 숨어
함께 꿈꾸던 이들

가파른 저녁

비가 와야 하는데 가물이 한참 가려나 노을이 붉다

귀가 떨어진 채로 수천 년을 졸고 있는 스핑크스 너머로

해 지기 전 새끼들 밥부터 먹여야 한다고

청나일강 넘치기 전 집부터 고쳐야 한다고

제 지구를 굴리고 가는 쇠똥구리의 저녁이 가파르다

제2부 채송화 축지법

세인트 히말라야

 눈보라 휘날리며 바위산 치돌아 달려가는 히말라야 긴꼬리여우

 추락하듯 온몸을 내리꽂아 긴꼬리여우를 덮치는 흰 뺨독수리

 14좌 완등을 꿈꾸며 햇살 아슬한 빙벽을 타고 오르는 산악인

 평생을 건 한순간 목숨 던져 히말라야 짙푸른 하늘에 가닿는다

수매미는 알지 못한다

매일 애타는 가락으로 암매미를 부르느라

제게 주어진 두 주일의 일생을 홀딱 다 써 버린 수매미는,

제 영혼이 몇 년씩이나 땅속에서 물속에서 참고 꿈꾸며

공들여 저를 나무 위로 밀어 올렸는지 알지 못한다

닥나무숲 속의 우물

절대 들여다보지 마라

닥나무숲 속의 우물

당나귀 가죽보다 질긴 닥나무 껍데기에 걸리면 천하의 여우 호랑이라도 그 골짜기 못 빠져나온다

제 얼굴 한번 보려다가 우물에 빠진 귀신 많다

각다귀 고신첩告身帖

   어디를 그렇게 서둘러 가느냐고 각다귀 한 무더기 길을 가로막는다

   또 하루 저물어 꽃잎처럼 지고 있다고 나는 말없이 노을 비낀 해를 가리킨다

   아직도 못 뛰어넘은 시간의 수레바퀴 억만 겁 숨은 뜻이 한순간 뜨끔했다

   그렇다, 단 한 번 다녀간 다음에는 하루나 백년이나 다 똑같다 흔적 없다

수렴동 물소리

마음에 들면 두말없이 따라나서는
수렴동 물소리

오늘은 한 이백 리 내 집까지 따라와
함께 달을 보네

박꽃 지붕으로 내리는 달빛

차르르르, 청옥구슬로 흐르는
수렴동 물소리 깊고 깊어서

어둑새벽 훤히 열리도록
발이 시리다

한 뼘

한 뼘 남짓 될까,
학의 다리로 만들었다는 하얀 뼈피리

간 봄 떨어진 동백꽃 울음으로
삼경 지나는 초승달 소리로

별 총총 새벽하늘 건너갈 때

가느다란 두 다리 가지런히 모아 펴고
겨울 바다 깊숙이 뛰어들더니

꿈결이었나,
올곧은 다리가 저어 간 은하의 밤

오래도록 지워지지 않는
전생前生의 한 뼘

성불成佛

다리가 없다

팔도 없다

눈도 없고

귀도 없는

캄캄한 몸뚱어리로

적멸보궁

앞마당까지 밀어 왔다

장맛비에 혼비백산

아아, 모두 떠내려갈 때

온몸으로 밀고 올라온

지렁이 보살

요 요런, 사람 같으니라구

주워 온 햇밤 두 톨
도토리 항아리에 넣어 두었다
도토리에서 잠자던 놈이
맛있는 햇밤 냄새를 맡은 것일까
작은 밤벌레 한 마리가
사각사각 밤톨 하나를 뚫고 들어가더니
캄캄한 굴속에서 까만 눈 빼꼼히
남은 한 톨을 눈독 들이고 있다
아니, 요 요런, 사람 같으니라구!
눈 마주치자 모른 척 딴청이다

청와헌 聽蛙軒

동쪽으로 가라면
서쪽으로 가고

산으로 가라면
바다로 갔지요

강가에 묻은
우리 아버지

가랑비에도
가슴이 차올라

고향을 향한
내 귀에는

개구리 소리만
가득하지요

백일홍

1
어머니 계시던
고향집 빈 뜨락에

혼자 남아 꽃을 피운
키 작은 백일홍꽃

어머니 하마 오실까
발꿈치를 들고 섰다

2
이슬에 좋이 씻은
노랑 빨강 고운 얼굴

발자국 소리마다
귀를 쫑긋 기울여도

낯익은 발자국 소리
종일 아니 들려라

그리운 사람은 모두 부처가 된다

경주 남산 오르다 보면
모롱이마다 낯익은 부처가 계시다
아버지 부처 어머니 부처
할머니 부처 큰아버지 부처…
이장 아저씨도 부처가 되어 있고
굵은 안경테 근엄하던 교장선생님도
안경 벗고 인자한 부처가 되어 있다
굵은 눈썹 이중섭도 무심 부처가 되어 있고
술에 취하면 더 익살스럽던 중광스님도
소원대로 개구쟁이 부처가 되어 있다
아하,
그리운 사람은 모두 부처가 되는구나
노여웠던 것 슬펐던 것 다 버리고
그리움만 남은 부처가 되는구나

우리도 죽으면 굽은 소나무 아래서
그리운 사람 찾아오길 기다리겠구나
비에 젖고 눈을 맞아도 꿈쩍 않고
그리운 사람을 기다리겠구나

채송화 축지법

중학교 때 미술선생님은 말씀도 재미있게 하셨다
옛날 선생님 친구 중에 삭발한 친구가 있었어
채송화처럼 예쁜 친구인데
어느 날 보문사에서 머리를 밀었더니
등 뒤로 지나가는 사람의 바람소리가 들리더래
동학사에 가서 경전 공부를 하다가
축지법을 쓰고 마음 꿰뚫어보는 도사를 만났대
속마음을 들킨 채송화는
은발의 도사를 따라 신도안에서 살림을 차렸단다
맨드라미도 심고 봉숭아도 심고
아주 정성껏 화단을 가꿨더래
날마다 다시 태어났다 생각하고 예쁘게 살아야지
엄마가 준 눈물 염주를 만지작거리면서도
채송화는 축지법을 쓰지 않았는데
글쎄 어저께, 내게 편지가 왔구나
채송화가 계룡산에서 예까지 걸어오겠다고

귀룽나무

귀룽나무 흰 꽃이 울고 있네
홍화문 지나 돌다리 건너
춘당지 뒷숲을 오르던 귀룽나무가
지난날을 생각하다가
허깨비가 되어 버린 옛일을 생각하다가
문득 반듯한 이마
노란 당의 남색 치마 하늘거리며
걷는 모습 아리땁던 사람을 생각하다가
소리 없이 흰 꽃을 피워 울고 있네
춘당지 물결이 잔잔해지면
하늘하늘 연못에 비추이던 남색 치마를
한순간도 잊은 적 없었다고
언젠가는 돌아오리라 믿고 기다렸다고
흰 꽃을 피운 귀룽나무
올봄에도 줄곧 기다리고 있었다고

초저녁별

나를 알아주는 이 멀리 있다던
괴테

천 년 전 만 리 밖 가을비 듣던
고운孤雲 선생

동서고금 가리지 않고
혼자 가는 길은 외롭다

한 번에 두셋, 다섯 이루려는
욕심 내던지고

또박또박
오직 한 길로 가라

매일 밤 같은 자리
초저녁별

매직아이

　애기 강낭콩이 접시 위에서 쌕쌕 잠자고 있다 말랑한 천문(天門) 아래로 보랏빛 꽃잎이 곱게 접혀 있다 낯선 별로부터 암호를 청취할 안테나가 도르르 말려 있다 샛노란 달빛을 타고 성큼 벋어 갈 유월 초저녁 한식경이 축쇄판으로 두 쪽 보인다 소슬바람 한 자락도 살짝 갇혀 있다 쪽지고 시집가기 부끄러워 몰래 파마를 하고 돌아온 셋째누님이 깡똥치마 차림으로 벌을 서고 있는 것이 보였다 갓 쓴 아버지의 노한 목소리도 조금씩 풀리고 있었다 흠 고이얀 것…

단 한 번만이라도

부엉이 낮게 울고
싸락눈 쌓이는 밤

등잔불 밝히어
반짇고리 내려놓고

앉은뱅이책상 앞에
어린 내가 마주 앉아

어머니, 난 한 번만이라도
눈 맞출 수 있다면

제3부

다시 아산만에서

아버지의 아버지

어느 날 마침내 나도 베어졌다
침목이 되어 아버지 옆에 누웠다

아버지 옆에는 아버지의 아버지들이
엮인 굴비 두름처럼 차례로 누워 있었다
아버지를 밟고 달려온 기차는 내가
어찌할 사이도 없이 순식간에 나를 지나쳤다

기차의 기적이 사라지면
천지는 다시 적막강산
나는 비에 젖어 투정도 하고
젖은 몸을 햇볕에 말리기도 하면서
어둠 속에 떠오를 맑은 눈빛,
다정한 별을 기다린다

언제까지 이렇게 있어야 하나요?

기차는 어디로 가는 것이지요?

자꾸 질문을 해대는 내 손을
아버지는 말없이 꽉 잡고 있다

봉인封印

한 줌 가루가 된 그대를 봉인하고 돌아서서 절 앞뜰을 에돌아 흐르는 늙은 느티나무 아래 와서야 낮은 소리로 울음 우는 가을 물소리를 들었습니다

여름 내내, 살아가는 일이 죽어 가는 일이라 해도 사는 동안은 결코 함부로 살 수 없다던 그대 목소리가 들렸습니다

다 내려놓으세요 물소리를 닮은 낮은 목소리 주지스님은 왜 절 앞 산책길에 나무아미타불을 새기는 것조차 못하게 하셨을까요?

그대 만났으므로 비로소 나 세상에 나온 일이 의미 있어졌는데 그대 봉인의 세계로 돌아간 지금 나는 눈 속에 갇힌 짐승처럼 아무것도 읽어 낼 수 없습니다

봄이 오면 봉인된 당신의 마음도 한 잎씩 파랗게 돋아 날까요? 맑은 물은 처음 흘러가는 것처럼 낭랑한 목소리로 흔들리는 잎새들을 읽어 내려갈까요?

단적 短笛

의기양양 태산을 내려오다가
백면白面의 무자비無字碑를 만났다
우뚝 일어선 한 길 바윗돌이
몰자풍비沒字豐碑*를 단숨에 뛰어넘어
아득한 만 년 앞을 넘겨다본다
골짜기에서는 허름한 노인이
하늘 향해 짧은 피리를 불고 있었다
새의 다리뼈로 만들었다는 단적
맑은 듯 목쉰 듯, 떨리는 피리소리를
신기하게도 알아듣는 산새가 있어
아무것도 보이잖는 허공으로
화살처럼 제 몸을 내리꽂는다

*몰자풍비沒字豐碑: '비바람에 깎여 사라진 글자들이 오히려 비문을 풍성하게 한다'는 뜻으로 무현고조無絃古調와 짝을 이루어, 불립문자不立文字, 언외언外言의 의미로 쓰인다.

히이힝, 권진규*

권진규*의 작품 「말머리」를 보고 있으면
히이힝! 말 울음소리 들린다
들판을 달리던 말
산맥을 넘던 말
하늘을 날던 말, 말, 말
다리도 몸뚱어리도 날개도 다 잃고
오, 부드런 갈기만으로
꿈속을 달려가는 권진규의 말머리

*권진규 : 한국 근대조각의 선구자. 대부분 점토를 구워 만든 테라코타 상으로, 장식성을 배제한 정신적 구도 자세를 표현하는 '엄숙한' 작품들을 남겼다.

나마스떼

며칠이고 강가에 남아
떠나가는 것을 지켜보고 싶었다

불타오르다가 이윽고,
강물에 떠밀려 가는 그림자 하나

툭툭 털고 계단을 올라가면
전생처럼 까맣게 잊히고

나마스떼
부드러운 미소로 다시 시작하는 강 건너 삶

삶과 죽음과
너와 나

강물과 나무와

강물에 거꾸로 선 나무 그림자

자세히 들여다보면 내 그림자도 얼핏
강물 속에 보인다

*나마스떼 : 만날 때와 헤어질 때 인도와 네팔에서 쓰이는 인사말. 원래 산스크리트어로 namaste는 '당신 안의 신께 경배합니다. 빛의 존재인 당신을 존중합니다.'라는 뜻이라고 한다.

다산초당의 노을

  여유당與猶堂에서 보낸 붉은 치마 헐어 수첩을 만들었다

  빛바랜 활옷치마는 저녁 무렵 한바탕 도는 노을빛이었다

  나귀 등에 업혀 온 천리 치마폭에 맑은 눈물방울 몇 떨어졌던가

  기약 없는 붉은 마음 섞어 하피첩霞帔帖 써 내렸거니

  무심히 해 저물고 별 기울고 꽃 지는 세상이 다시 이백 년

  하피첩에 새긴 뜻 까맣게 잊고 살았다

밤새 귀뚜리 저리 애틋하게 읽던 것이 노을빛 하피첩이더냐

검푸른 미루나무 너머 노을은 여전히 절절한 귀뚜리 울음빛이다

다시 아산만에서
— 아버님 영전에서 울지 못했다

공수시립拱手侍立을 아시는가
백일 탈상이 끝나고
가까이 다가와 부복하는 바다를 바라보며
고향 소나무 몇 그루 글썽이고 있을 때

부목部木에 의지하여 오월이 지나서야
겨우 잎을 내어 울기 시작한
집 앞 느티나무의 북받치는 생각을
짐작이나 하시는가

아버지 늘 들르시던 마을회관 옆
공터의 오후
후두둑후두둑 마른 가슴 때리는
성긴 빗방울

다시 떠밀리는 물살 너머

갓 쓴 무명옷의 아버지가
눈을 가늘게 뜨시고
부실한 아들 쪽 세상을 바라보고 계셨다

첫눈 속을 혼자 걷는 사람이 있다

새 발자국을 따라간다

눈 덮인 오솔길을
사람 흉내 내며 걸어갔을
새 두 마리

가다가 서로 마주 보고
무어라무어라 다짐하고
무어라무어라 따지기도 하다가

다시 고개 끄덕이며
걸어갔을
두 줄의 발자국을 따라간다

문득 어디로 갔나, 한 마리 새
발자국 한 줄 없어지고

한 줄만 남은 새 발자국

호르르 날아가지 않고
혼자서 하얀 길을 걸어갔구나

눈 속을 혼자서
새 발자국을 따라간다

말복

모시등걸 입고
부용芙蓉 앞에 서니
영락없는 아버지라고
팔순의 어머니가 웃으신다

등나무 밑 평상에는
굽은 등 누이셨던 온기가
그대로 남아 있다

마흔일곱 아버지가
처음 내 울음소리를 듣고
바를 정正자 이름을 지어 주신 등나무 그늘에
다시 마흔일곱의 여름이 지나가고 있다

장 받아라,
아버지는 장군도 잘 부르셨지만

내게 멍군 받기를 더 좋아하셨다
세상에 내게 지고 좋아하던 분은
사실 아버지밖에 없었다

너는 과연 똑바로 살았느냐,
떳떳이 질 줄도 알았느냐,
낮은 기침소리에 고쳐 앉는다

더웠습니다, 아버지
바르고 말고는 생각할 겨를도 없었습니다
뒤떨어지지 않기 위해서
허둥거리며 달려왔을 뿐입니다

곁의 부용이 고개를 젓는다
맞다, 생각할 때가 되었다
가을이 멀지 않았다

옥잠화

두 누님은 쪽을 찌고 시집을 갔다
(어흠어흠)
갓 쓴 아버지는 가끔 헛기침을 하셨다
(시집갈 때까지 머리 볶는 것은 안 되고말고!)

셋째누님이 결혼식 전날
몰래 파마를 하고 돌아왔을 때를 생각하면
지금도 아슬아슬하다
셋째누님은 이모들 계신 안방으로 숨고
차마 안방에까지 쫓아 들어가지 못한 아버지는
안마당에 옥잠화 은비녀를 내동댕이치셨다
(흠 고이얀 것!
이렇게 당돌한 사람을 보았나?)

옥잠화 하얀 꽃을 보면 누님들 웃음소리 들린다
(우리니까 어리숙하게 쪽지고 시집갔지

대명천지에 누가 쪽을 지고 시집을 가겠니?)
석류나무 아래 옥잠화꽃
올해도 고운 은비녀를 받쳐 들고 있다

남지기로회도 南池耆老會圖를 엿듣다

아직 3월
불타 버린 남대문을
단정하게 가린 사각 포장지 한 귀퉁이에서
이귀 영감이 홍첨추 노인과 함께 놀고 있다

조금 어설프긴 하지만
연못 가득 핀 연꽃을 바라보고 있는
갓 쓰고 담뱃대 문 어르신들의 표정이
벌써 몇 잔 거나하게 걸치신 모양이다

매화 피는 날은 이귀의 집 뜨락으로
국화 피는 날은 윤동로의 별채로
첫눈 오는 날은 성균관 앞 대숲으로
일 년에 서너 번씩은 꼭 모여서 시를 읊었것다

살아 보니 별것 아니여

나귀 타고 장가 든 것이 바로 엊그제 아닌가
귀신이 되고 보니 다 덧없는 세상인 것을
무얼 저리 급히 달려가는지 모르것네

밤이면 불야성
완전히 오랑캐들 풍속일세
대한문 옆에서 보란 듯 입 맞추지 않던가
허기야 우리도 젊어서는 그랬지 허허허…

이귀李貴, 이권李勸, 홍첨추洪僉樞, 윤동로尹東老, 이호민李好閔, 이인기李麟奇…
챙 큰 갓 쓰고 긴 담뱃대 문 어르신들이
신기하다는 듯
둘레둘레 고개를 돌린다

봄 여름 가을 겨울, 일편단심 73

홍도

다시는 사랑하지 않으리라

누구든 가까이 다가오지 못하도록

온몸에 가시를 박아 놓고

저만큼 떨어져서

오, 한때는 애틋하게 보듬었던 웬수들을 바라보는

깊고 까만 고슴도치 눈

적멸락 寂滅樂

적멸락 선방禪房 앞에 달빛이 흥건하다
첩첩 산 너머 두고 온 마을이 아득한데

오솔길 저어 온 흰 고무신 두 척이
댓돌 위에서 숨을 고르고 있다

까마득한 세월 님을 보러 달려오느라
코도 없어지고 눈썹도 없어진 바람이

무명 헝겊 문고리를 차마 당기지 못하고
애먼 감나무 그림자를 흔들고 있다

젖은 달빛을 남기고 마른 별빛을 남기고
흔적 없이 스러지는 기쁨이여

와하하하…

  50만 년 전에 이곳에 살았던 호모에렉투스 자바 원인猿人이 웃고 있다 4만 년 전에 이 근처에 살았던 사라왁의 호모사피엔스도 웃고 있다 8천 년 전에 살았던 켈란탄의 호모사피엔스도 턱이 달아난 채 웃고 있다

  쿠알라룸푸르 국립박물관 1층 컴컴한 전시장 한구석 집중 조명을 받은 세 명의 해골이 입을 크게 벌려 웃고 있다 살아 보니 사는 것도 별것 아니었다고 죽고 나니 죽음도 별것 아니라고 해골들이 웃고 있다

  그들 옆에 내 해골을 얹으면 함께 웃을 수 있을까 울다가 찡그리다가 정색을 하다가 마침내는 호쾌한 웃음을 터뜨리게 될까 그들을 바라보던 내가 심각해졌다 나는 아직 소중한

것들이 많아 따라 웃을 수가 없다

   내가 심각한 얼굴을 하여도 카메라를 들이대어도 그들은 웃음을 멈추지 않았다 와 하 하 하… 한 바퀴 허망 세계를 휘돌아 나오는 내 뒤통수를 향해서 그들은 통쾌한 웃음소리를 보내 주었다

   서울에 돌아와서도 그 웃음소리는 여전히 내 귀에 남았다 할아버지 웃음소리 같기도 하고 아버지 웃음소리 같기도 하고 다시 들으면 내 목소리이기도 한 웃음소리가 줄곧 나를 따라다녔다 와 하 하 하…

별

산 위에 올라 보니

땅에 질펀하게 쏟아진 별들이 영롱하다

사람 사는 냄새가 모락모락 올라오는

아득한 벌판 노랗게 익은 별들을 바라보며

나는 새삼스럽게 사는 일이 별처럼

영롱한 일이라는 걸 깨닫는다

지아비와 지어미 짝을 이루어

지지배배 입 벌리는 아이들을 돌보며

하루하루 걱정 속에 사는 일들이

아롱다롱 별이 되어 가는 일이라는 걸

겨울 뒷동산에 올라

묵묵 산소 앞에 서서야 알게 되었다

무성했던 잎새들 다 떨군 나무들 사이로

꿈결처럼 살고 있는 동네 집들이

하나 둘 별 되어 커지고 있는 초저녁

신전 앞에서

열 몇 개인가,
아이는 둥근 기둥을 세고 있었다
무량수전의 배흘림기둥을 떠올리며
나는 에게해의 포도주 빛 노을에 젖었다
더 이상 신탁을 내리지 않고
예언도 닫아건 언덕에
사람들은 왜 무거운 그림자를 끌고 오를까
신화를 잃은 신전은
텅, 빈속을 어떤 치장으로도 감출 수 없다
저녁놀이 서성거리는 신전 앞
— 곧 어둠이 몰려올 것이었다

제4부
소나기를 맞은 염소

꽃다지에게

햇빛의 길을 보았니

일 초에 백만 리를 달리는
억만 리 허공의 곧고 투명한 길을 달려와

흙을 만나면 흙 속으로 들어가 싹 틔우고
나무나 풀을 만나면 그 속으로 들어가 꽃 피우는

눈부신 흰 말들

그중의 한 마리 말이 환생하여
잠시 피어난 꽃다지인 내가 무엇을 말할 수 있겠니

돌밭둑이라도
기쁘게 피었다 갈 뿐이야

바람 속에 끄덕이는
한 뼘 꽃다지

사슴벌레

소정방에게 쫓긴
백제의 장수들이
익산군 금마면 월성리 산 180번지
성글라라수도원 뒤 참나무숲 속
아직도 제 힘에 버거운
긴뿔투구를 쓰고
    이리 밀둥
      저리 밀둥
육박전 연습을 한다

한번 들어오면
다시 나갈 수 없는 봉쇄수도원
(죽어서도 그들은 수도원 안
묘지에 묻힌다)
뒤뜰 한 쪽에서
삼천궁녀 중에 살아남은

몇 송이 도라지꽃이
보랏빛 초롱과 흰 초롱을
왕궁 쪽으로 켜 든다

사슴벌레들은 일제히 엎디어
투구를 땅에 대고 조아린다
     미륵사 종소리만 울리오쇼서
     저희는 모든 것이
     준비되었나이다
푸른 달빛 아래
선창하는 늙은 해사달이
부르르 긴 뿔을 떤다

(세상이 바뀌었다고
차마 얘기하지 못하고 돌아선다)

강아지풀을 읽다

한계령 강아지풀들은
미래라는 낱말을 모른다고 한다
그 대신 현재라는 말 속에
한 두어 달 치의 미래를 감추고 있다고 한다

두 달 이상은 믿지 않는 게 현명한 일인지 모른다
건강하시던 내 어머니
어느 날 문득 대장암이라더니
두 달 만에 나를 남기고 세상을 떠나셨다

그 후로는 나도 미래란 말을 믿지 못한다
무엇이든 바로 지금
신이 허락한 시간 안에 하지 않으면 안 된다고
자꾸 조바심을 친다

한계령의 여름은 너무 짧아서

강아지풀의 한낮도
벌써 해 기울었다
무엇 하나 제대로 이루기에는 너무 짧은 하루

강아지풀은 미래라는 낱말을 모른다
오늘을 열심히 살다 가면 그뿐
먼 후일 우리 어디에서 무엇으로 피어 있을지
아무도 모른다고 고개를 흔들고 있다

수석水石을 바라보다

아득한 시간 속을 지나가던
돌과 바람 속에서
온갖 풀과 나무가 나왔다지요

미궁迷宮이라 했던가요
시작과 끝을 알 수 없는 시간 속을
묵묵히 흘러가던 돌 속에서
벌레와 짐승과 새가 나왔다지요

그런 무심한 것들 속에서
저리 유정한 것들을 피워 내는
시간의 법력法力을 생각하다가

우연히 만나 함께 머물렀던 것
서로를 간절히 생각한 것
궁극에는 그대

어딘가 살아 숨 쉬고 있다는

바로 그 한 가지 이유만으로
나는 돌이 되고
풀이 되었다가
다시 새가 되어
망망한 바다 위를 날아갑니다

모두
신비한 시간의 품속에서

흰 옷 입은 아이

두만강가 토막집 앞마당
햇볕 쪼이는 흰 옷 입은 아이
불끈 솟은 광대뼈 위의 까만 두 눈이
대추씨처럼 단단하다
겨우내 입은 겨자 빛 무명저고리
누르스름한 얼굴
방금 만리장성을 넘어온 오랑캐가 영락없다
누가 덤벼들기라도 할세라
부릅뜬 작은 눈
여차하면 박치기라도 해댈 기세다
그래도 쏘아보는 눈매 한구석이 정답다
험준한 알타이산맥
꽁꽁 얼어붙은 바이칼호
모래바람 산을 옮기는 고비사막
허허로운 만주벌판 걷고 걸어서
금수강산에 이른

아득한 수천 년이 보이는 것 같다
새의 깃털 한 점씩 머리에 꽂고
무리 지어
큰 활 메고 달려가고 싶다

설청雪晴

눈 오신 날 대나무 숲길을 걸으면
오래 뵙지 못한 한 어른이 생각난다
겨울 새싹같이 여린 내 시를 읽고
천 리 밖에서 전화를 해 주셨던 그 어른

얼마 후인가, 그분의 서실에 들렀다
그때 눈이 왔었다
함께 시인의 산소가 있는
햇빛 반짝이는 대나무 숲길을 걸었다
처음 설청이라는 말씀을 들었다
시 정신의 끝머리였으리라
세상이 하얀 절망에 뒤덮이더라도
그 속에서 푸른 희망을 보아내야 한다고
그것이 공부하는 사람의 책임이라고

그러고 보니, 모든 흰색에는 푸른빛이 돌았다

눈 쌓인 벌판에도
어머니 다듬질하신 옥양목에도
사랑방 경상 위 장형의 미농지에도
자세히 보면 푸른 기운이 꿈틀거렸다
세상 절망 밑에는 희망이 돌고 있다

사과 속의 달빛 여우

베어 문 사과 속에 달빛 한 입 묻어 있다

고향에서 보내온 풋사과 맛의 골짜기 어디쯤
길이 끊기고 멸악산 갑자기 높아져서
캉캉 여우 울음소리가 하늘로 퍼져 올라갈 때

사과나무도 분명 그 날카로운 여우 울음소리를 들었으리라
한낮에는 댑싸리 빗자루보다 더 길고 풍성한 꼬리를 끌고
부드럽게 보리밭 끄트머리로 걸어 나오던 그 여우의
송곳처럼 날카로웠던 울음소리

잡목 우거진 여수골의 밤 달빛이 얼마나 고혹적이었는지
밤길을 잃어버려 본 사람들은 안다

눈 속에서 낙엽 속에서 녹음방초 속에서 여우는 그렇게 숨어서 울었지만

사람들이 그 여수골 입구를 일구고 사과나무를 심어 나가자
여우는 마침내 마지막 울음을 남기고는
나무 사이 푸른 달빛을 타고 멸악산 등성이를 넘어갔다

달빛 묻은 사과를 한 점 베어 먹는다
손전등처럼 반짝이던 두 눈, 달빛 여우가 보인다

겨울 제의祭儀

청청한 소나무 숲에 눈이 내리고
꿈처럼 아늑한 솔안 마을 눈에 덮이어
국전지에 가득한
송설체松雪體의 엄숙함으로 밤이 깊어 간다

집에 큰불이 난 후에
할머니 친정집으로 따라왔던 애기신랑이
숫제 이 동네에 자리 잡았다는
고조부 제삿날

흐음 흠!
축문祝文을 다 지으신 아버지가
대문을 활짝 열고
호야 심지를 돋우셨다

소금장수가 쉬어 갔다는 산소 자리

나는 혹시 재주넘는 여우가 있나
올라가 살펴보고 싶었지만
언덕 위 떨고 있는 참나무 숲이 무서워 참았다

외양간에서는
귀신을 볼 수 있다는 늙은 암소가
큰 눈 끔벅이며
자시子時를 기다리고 있다

아득한 별을 향하여

2진법으로 쓰인 아함경을 읽어 보았니

순식간에 몇 광년을 읽어 내린 별빛이

모래밭을 뒹구는 조개껍질에 잠시 반짝이는 걸

그 작은 몸뚱어리에서 조금씩 흘러나오는 별빛을 바라보며

천천히 옆걸음하는 참게 한 마리

그래, 흔적만 남은 조개껍질에 잠시 고인 별빛을 먹고 사는 나는 참게야

아득한 별의 행간을 읽으려고 옆으로 옆으로 백 걸음 쯤 걸어서

겨우 한 걸음 별 앞으로 내딛는

초대

두어 해 전부터
삼화령三花嶺 기슭
라파엘의 집 맞은편에 삽니다
사천泗川 선천宣川 다 지나
홍어찜 구수하고 선지우거지국 잘 끓이는 이모네와
열무김치 상큼한 누님손국수집이 있는
학고재學古齋 골목입니다
방합蚌蛤이라는 묘한 이름의 백제 요릿집도 있지만
아직 가 보지는 못했습니다
가끔 들르는 Volga강가에는
나팔꽃 수세미 화초호박이
사이좋게 비닐 끈을 타고 올라
각각의 예쁜 새끼들을 치고 늙어 갔습니다
황가방黃家房 낡은 책방 옆
망치와 끌이라는 깔깔한 목공소에는
소리를 모으는 손이란

흑백사진 한 점 걸렸습니다
오수미보다 더 매혹적인 흑인소년 모델 SAM
죽어서도 깊은 눈으로 손님을 끌고 있습니다
까만 선글라스를 쓴 중만이 배꼽은
아직 섹시합니다
침상 위엔 하와이에서 온 소라 껍데기 하나
귀에 대면 남태평양 파도소리
하얗게 밀려오며 수근댑니다
그래서 담양산 대나무발을 달았습니다
커다란 한지부채도 준비했습니다
아직 아무 글자도 써 넣지 않았습니다
골목 안 대신상회에서는
실용신안 자동 먹갈이를 팔고 있습니다
이만 삼천 원입니다 이만 원까지 드립니다
안국安國입니다 한번 들러 주십시오
내리시면 쉽게 닿을 수 있습니다

금강초롱

대청댐으로 수몰된 고향에 갔었네
섬이 되어 버린 반월봉 꼭대기에서
금강초롱꽃을 다시 만났네
조족등처럼 조르라니 줄기에 매달린
금강초롱꽃이
온몸을 흔들며 반가워하였네
달맞이하기에는 인근에서 제일 좋다던
반월봉에 떠오르는 달
남은 저희끼리 지켜보다가
옛 생각에 고개를 숙였던가
달빛에 눈매가 젖었던가
(우리들 여기서 밤새우기 정말 잘했지?)
이제는 물고기들이 살며 다니고 있을
물속의 집, 물속의 학교를
말없이 내려다보았네
시방 막 수업이 끝났던가

어린 물고기들이 바람처럼
오릿고개를 치달려 넘고 있었네
물에 잠겨서도 지워지지 않은 오솔길이
꿈같이 아련하게 출렁이고 있었네
금강초롱 한 줄기로
물속까지 환하게 비쳐 보였네

경포대에서

경포대 부산횟집 수족관 안
도다리 여남은 마리가 눈을 반쯤 뜨고
벌겋게 끓어오르는 동해바다를 보고 있다
여전히 무섭게 철썩이누나
저 희뿌연 빛을 타고 우리를 노리던 큰 물고기들
용케 잘 피해 다녔지
지금 같으면 어림없어
모두들 생각난다는 듯 가끔 한 번씩
긴장이 사라진 눈을 껌벅인다
차라리 우리끼리 늘어져서 사는
이 아파트 안이 더 좋아
먹을 거 걱정 없지
눈을 좀 더 내리깔면
공기청정기에서 산소가 시원하게 쏟아지지
며칠 사이 치매 노인처럼 되어 버린 녀석들이
너부죽이 엎드린 채 일어날 줄을 모른다

(오늘은 꼭 한번 저 밝은 나라에 닿으리)
까만 눈 반짝이며
무리 지어 파도 타고
살같이 붉은 해를 향하여 달려 나가던 놈들이
끓어오르는 바다를 보고도 꿈쩍을 안 한다
나도 그들 곁에 그렇게 너부러져
철썩이는 바다를 바라보고 있다

눈 속의 푸른 풀밭

우루루 경마장 한편에 모여 서서
대진표를 보고 있는 것은
거세를 당한 놈들이다
낮경기에서는 단연
이놈들이 두각을 나타낸다
뉴웨이브 헐크 한빛 벽오동
핵탄두 초능력 시공압축…
세 살에서 다섯 살의 아까운 나이다
이쪽 세상에서는 여섯 살만 되어도
은퇴를 각오해야 한다
용케 재수가 좋으면 총살을 면하고
읍내 달구지라도 끌 기회가 생긴다
이놈들은 덩치가 커도 순해서
일 시키기에 더없이 좋은데도
말 먹일 공간이 어디 그리 흔한가
모두들 트랙에서는 힘차게 달리지만

저녁 무렵 가만히 들여다보면
놈들의 눈은 슬프다
이미 돌아갈 수 없는 풀밭
철없이 뛰놀던 멜버른 교외의 풀밭이
검고 큰 눈에 밟힌다
말의 눈은 깊고 푸르다

소나기를 맞은 염소
— 사석원史奭源에게

벌겋게 기가 살아 있다
한 줄기 소나기가 멈추자
양철지붕 아래에서 튀어나온 저 수탉
잽싸게 헐다 만 보리 짚가리에 올라
후두닥 헛날개를 쳤다
곡기穀氣요!
온 동네가 떠나가라 소리를 질렀다

소나기를 몽땅 맞은 염소가
죄도 없이 목을 움츠렸다
수염을 밀고 안경을 씌우면
영락없는 우리 회사 진 부장이다
그는 말대꾸 한번 변변히 한 일이 없다
집염소는 한 번도 바람을 마주하여
절벽 위에서 수염을 흩날린 일이 없다

녜에에에녜에…
평생 아니오!를 말해 보지 못한
오종종한 얼굴이 달려 나와 머리를 조아렸다
무장해제당한 포로같이
뿔을 뒤로 감고 나온 늙은 염소는
눈 한번 옳게 쳐다보지 못한다
갓을 잃어 뿔을 보임이
사뭇 송구할 따름인즉

 소나기 바람에 네 속을 알것다
네놈이 갓 속에 늘 비수를 감추고 다녔것다?
수염까지 젖은 염소가 다리를 후들후들 떤다
웬걸입쇼 소인이 꿈에라도
그럴 리가 있습니까?
쉰 살에 다 와가는 진 부장은
큰놈이 이제 겨우 중학교에 들어갔다

유리시경琉璃詩境
— 자하紫霞 신위申緯는 시를 향한 맑고 고요한 마음의 지극한 경지를 유리시경이라 불렀다. 시서화詩書畵에 취한 그의 마음을 훔쳐보는 감나무가 있었다.

바보 먹감나무가 말없이 담장 너머로
자하紫霞 선생의 붓글씨 쓰는 것
묵죽墨竹 치는 것을 얼빠진 듯 넘겨다본다
붓끝을 감추는 역입逆入
마디마다 멈추어 획을 살리는 삼절三折
그리는 게 아니라 투욱투두툭! 가지 쳐 가는 댓잎들을
눈썰미 있게 들여다본다

내게 붓이 있었으면
화선지가 있었으면
아아, 내게 팔과 손이 있었으면
먹감나무 그렇게 절망하면서도
틈틈이 자하 선생 글씨와 그림을 따라
마음속으로 긋고 또 긋더니

남몰래 흐뭇한 웃음도 짓더니

묵죽과 붓글씨를 뛰어넘은
먹감나무의 유리시경
마침내 단아한 문갑文匣이 되었다

일편단심 一片丹心
— 백마고지 소년병을 위하여

단원이 그린 젊은 선비 얼굴 밑그림처럼
살짝 부풀어 오른 두개골 아래
볼록한 광대뼈만 남고
휑하니 뚫린 두 눈구멍
뜨거운 눈물 말라붙은 자리

열두 살 소년의 철모에 푸른 녹이 슬고
구멍이 뚫리고
군번줄과 계급장에도 탄약류가 엉겨 붙어
글씨는 차츰 흐려지고
두개골과 앙가슴 뼈에
술술 바람 들락거리는 사이에도
단정한 어깨
갓 들어온 소년병은
배운 대로 참호에 기대어
70년 동안

사격자세를 풀지 않고 있었다

강원도 철원군 395고지
흉터처럼 길게
캄캄한 참호가 누워 있는 자리
눈비 오고 바람 불어도
철모 옆에 진달래가 피고 져도
일편단심一片丹心 먼 하늘을 지켜보던
앙상한 뼈대
여든두 살 소년병이

막 내린 연극에서처럼
부스스 일어나
보고픈 어머니에게로 달려갔다

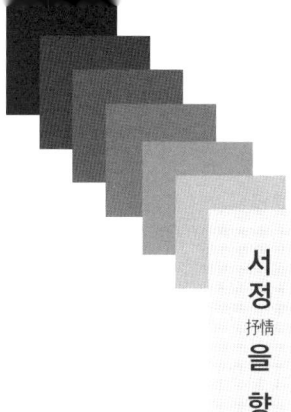

서정 抒情 을 향하다

서녘 하늘에 뜬 별을 바라보며

 내 시의 궤적을 따라가노라면 어느덧 내가 태어난 고향에 이르게 된다. 나의 본질을 구성하고 있는 것이 대부분 유년에 형성된 것임을 깨닫게 되는 순간이다. 순박하고 곧은 성품의 아버지와 자애롭고 인정 많았던 어머니는 결국 내 시의 시작점이었다.

 마흔일곱 아버지가/ 처음 내 울음소리를 듣고/ 바를 정正자 이름을 지어 주신 등나무 그늘에/ 다시 마흔일곱의 여름이 지나가고 있다// 장 받아라./ 아버지는 장군도 잘 부르셨지만/ 내게 멍군 받기를 더 좋아하셨다/ 세상에 내게 지고 좋아하던 분은/ 사실 아버지밖에 없었다// 너는 과연 똑바로 살았느냐,/ 떳떳이 질 줄도 알았느냐,/ 낮은 기침

소리에 고쳐 앉는다// 더웠습니다, 아버지/ 바르고
말고는 생각할 겨를도 없었습니다
—『현대시학』등단 작품 「말복」부분

  1994년『현대시학』에 10여 편의 작품을 응모하여 「백자」「다시 아산만에서」 등 5편이 뽑혔다. 그중에 「말복」에는 모시등걸을 입고 장기를 가르쳐 주시는 아버지의 다정하고 엄격하지만 가르치시는 모습으로 그려졌고, 「다시 아산만에서」에는 갓 쓴 아버지가 이쪽 세상을 걱정스럽게 건너다보고 계신 모습으로 그려졌다. 1900년생이신 아버지는 조선말에서 일제강점기를 거쳐, 전쟁과 가난의 시대를 숙명처럼 견디며 성실하게 사셨다. 어려운 세월이었지만, 정성껏 기르는 아이들이 남들 앞에 떳떳하고, 바르게 살기를 원하셨다. 내 시에서 아버지는 벗어날 수 없는 존재로서 엄하지만, 가족을 위하여 묵묵히 일하는 모습으로 등장한다.

  뒤뜰 감나무 곁 작은 골방에/ 어머니는 수척한 씨암탉처럼/ 베틀에 앉아 무심히 삼베를 짰다// 한 날 한 날 골라/ 새색시 머리처럼 잘 빗겨서/ 풀멕여 말린 삼베올의 탱탱한 촉감// 달각달카닥 황톳물이 배인/ 베짱이 날개가 만들어지는 동안/ 어머니는 때때로 사랑가를 불렀다
— 제2시집 『햇빛의 길을 보았니』 중
「붉은 뜰」 부분

목화를 심고 길러 실을 잣고 무명을 짜듯, 열다섯 살에 시집오신 어머니는 건넌방 가득 시렁을 만들고, 뽕잎을 따서 누에를 치고 석 잠을 재운 후에 얼기설기 엮은 발에 말간 누에를 올려 누에고치를 짓게 한 후, 양은솥에 삶은 고치에서 명주실을 잣는다. 실패에 감은 탱탱한 명주실과 양은솥에 떠오르는 번데기를 담아 주시던 사발은 아직도 기억에 생생하다. 「붉은 뜰」은 한여름 베틀에 앉아 베를 짜는 어머니를 그리고 있다. 어머니를 생각하면 늘 눈시울이 뜨거워질 정도로 애틋하고 안타깝다. 천을 짜서, 물감을 들이고, 풀을 먹이고, 다듬이질을 한 후, 직접 옷을 디자인하여, 솜을 넣어 만들어 주시는 것도 신기한 일이었고, 콩을 삶아 메주를 쑤거나, 두부를 만드는 것도 다 어머니의 마법이었다.

시작과 끝을 알 수 없는 시간 속을/ 묵묵히 흘러
가던 돌 속에서/ 벌레와 짐승과 새가 나왔다지요//
그런 무심한 것들 속에서/ 저리 유정한 것들을 피
워 내는/ 시간의 법력法力을 생각하다가// 우연히
만나 함께 머물렀던 것/ 서로를 간절히 생각한 것/
궁극에는 그대/ 어딘가 살아 숨 쉬고 있다는// 바
로 그 한 가지 이유만으로/ 나는 돌이 되고/ 풀이
되었다가/ 다시 새가 되어/ 망망한 바다 위를 날아
갑니다

— 제3시집 『쥐똥나무가 좋아졌다』 중
「수석을 바라보다」 부분

내가 무엇인가를 생각해 들어가다 보면, 내가 나고 자란 고향의 부모, 형제, 자매가 떠오르듯, 일차적인 사회 비평이랄 수 있는 「눈 속의 푸른 풀밭」 「소나기를 맞은 염소」 등의 '경마장 시리즈'를 지나자, 나의 시적 관심은 '생명'과 '우주'로 확대되기 시작하였다. 「수석을 바라보다」는 그 시작이라고 할 수 있다. 부분 진리인 생명에서 생명으로 이어지는 과학의 한계를 넘어서서 바라보면, 무생물에서 태어나는 생명의 신비가 보이기 때문이

리라. 우주가 직선이 아니라거나, 26차원의 세계도 만질 수는 없으나 인정할 수밖에 없을 터이고, 초파리의 이론도 그럴 것이었다. 「수석을 바라보다」에서는 그런 엉뚱한 상상을 '너를 생각하고 사랑하는 것도 그런 기적' 같은 일임을 주장하면서, '신비한 시간의 품속'으로 끌고 나아갔다.

「너구동의 봄」도 그러한 '돌멩이의 부화'를 확대하여, '골짜기 가득 햇병아리 소리'를 채우고, '날아라 돌멩이들!'로 신비한 '시간과 우주의 법력法力'을 노래하였다.

> 너구동의 봄햇살은/ 돌멩이도 움을 틔우나 보다/ 따끈해진 돌멩이 속에서/ 삐약! 삐약!/ 병아리 소리가 들렸다/ 돌멩이의 부화孵化라니!/ 천년을 기다린 돌 속의 병아리가/ 마침내 부드러운 부리로/ 딱딱한 돌껍질을 두드리다니!/ 무심無心 속에/ 저리 유정有情한 목숨 줄을 심는/ 햇살의 염력念力으로/ 돌멩이 하나씩 깨어난다/ 너구동 골짜기 가득/ 햇병아리 소리다/ 날아라 돌멩이들!
> ― 제4시집 『사과 속의 달빛 여우』 중
> 「너구동의 봄」 전문

「사과 속의 달빛 여우」는 발표되면서, '백석의 시를 읽는 기분'이라거나, '삶의 궤적 속에서 과거-현재-미래를 통시적으로 꿰뚫는 순진무구한 생명력을 성공적으로 이미지화하였다'는 칭찬과 함께 나의 대표작이라 꼽아 주기도 했던 작품이다.

나름으로는 깜냥껏 열심히 시를 써 왔다고 할 수도 있으나, 보다 젊을 때 시작하지 않은 점과 소나기처럼 집중적으로 탐구할 기회를 못 가진 것을 못내 아쉬워하는, 나는 대표작이 없는, 아직도 가능성이 열려 있는 시인이다.

> 베어 문 사과 속에 달빛 한 입 묻어 있다
>
> 고향에서 보내온 풋사과 맛의 골짜기 어디쯤
> 길이 끊기고 멸악산 갑자기 높아져서
> 캉캉 여우 울음소리가 하늘로 퍼져 올라갈 때
>
> 사과나무도 분명 그 날카로운 여우 울음소리를 들었으리라
> 한낮에는 댑싸리 빗자루보다 더 길고 풍성한 꼬리를 끌고

부드럽게 보리밭 끄트머리로 걸어 나오던 그 여우의
송곳처럼 날카로웠던 울음소리

잡목 우거진 여수골의 밤 달빛이 얼마나 고혹적이었는지
밤길을 잃어버려 본 사람들은 안다

눈 속에서 낙엽 속에서 녹음방초 속에서 여우는 그렇게 숨어서 울었지만

사람들이 그 여수골 입구를 일구고 사과나무를 심어 나가자
여우는 마침내 마지막 울음을 남기고는
나무 사이 푸른 달빛을 타고 멸악산 등성이를 넘어갔다

달빛 묻은 사과를 한 점 베어 먹는다
손전등처럼 반짝이던 두 눈, 달빛 여우가 보인다
― 제4시집 『사과 속의 달빛 여우』 표제시 전문

「한 뼘」은 나의 상상력이 한 발짝 더 우주로 나아간 것처럼 느끼게 한 시이다. 학의 다리로 만들었다는 한 뼘 남짓한 하얀 뼈피리가 어떻게 은하의 밤과 전생으로까지 저어 갔는지, 그 상승과 초월의 은유이다. 지상의 동백꽃과 삼경 지나는 초승달을 지나, 두 다리를 가지런하게 모아 펴고 깊숙이 뛰어든 겨울 바다로까지 그림으로 보여 준 것을 몇몇 시인이 단박에 알아보고, 좋은 시 소개란에 올려 준 것도 고마운 기억이다.

한 뼘 남짓 될까,/ 학의 다리로 만들었다는 하얀 뼈피리// 간 봄 떨어진 동백꽃 울음으로/ 삼경 지나는 초승달 소리로// 별 총총 새벽하늘 건너갈 때// 가느다란 두 다리 가지런히 모아 펴고/ 겨울 바다 깊숙이 뛰어들더니// 꿈결이었나,/ 올곧은 다리가 저어 간 은하의 밤// 오래도록 지워지지 않는/ 전생前生의 한 뼘
— 제5시집 『한 뼘이라는 적멸』 중 「한 뼘」 전문

「유리시경琉璃詩境」은 "자하紫霞 신위申緯는 시를 향한 맑고 고요한 마음의 지극한 경지를 유리시경이라 불렀

다. 시서화詩書畵에 취한 그의 마음을 훔쳐보는 감나무가 있었다"고 부제를 붙인 근작시이다. 추상미술의 대가들이 놀라는 먹감나무 문갑의 추상적인 미감은 두말할 나위 없이 뛰어나다. 자하 선생의 시를 읽고 글씨와 그림에 놀라는 자하동의 감나무를 통하여 예술의 지난至難함을 뚫고 성취하는 기쁨을 노래한 것인데, '바보 먹감나무'로 시작하여 우직해야 참고 견디며, 마침내는 이루고 만다는 것을 화자가 나서지 않고 시종일관 의인화된 먹감나무를 통하여 그릴 수 있어, 속으로 기뻤던 작품이다.

바보 먹감나무가 말없이 담장 너머로/ 자하紫霞 선생의 붓글씨 쓰는 것/ 묵죽墨竹 치는 것을 얼빠진 듯 넘겨다본다/ 붓끝을 감추는 역입逆入/ 마디마디 멈추어 획을 살리는 삼절三折/ 그리는 게 아니라 투욱투두툭! 가지 쳐 가는 댓잎들을/ 눈썰미 있게 들여다본다// 내게 붓이 있었으면// 화선지가 있었으면/ 아아, 내게 팔과 손이 있었으면/ 먹감나무 그렇게 절망하면서도/ 틈틈이 자하 선생 글씨와 그림을 따라/ 마음속으로 긋고 또 긋더니/ 남몰래 흐뭇한 웃음도 짓더니// 묵죽과 붓글씨를 뛰어넘은/ 먹감나무의 유리시경/ 마침내 단아한 문갑文匣이 되었다

— 「유리시경琉璃詩境」 전문

마지막에 소개하는 시는 「세인트 히말라야」이다. 오랜 시우들과 시작한 〈현대향가 제4집〉에 4구체四句體로 쓴 작품을 몇 점 실었는데, 그중 한 점이다. 8구체나 10구체에 비하여 시상을 펼치기에는 다소 짧은 것이 사실이나, 강력한 인상을 주는, '굵고. 짧게'를 실현할 수 있어, 독특한 매력을 느껴 본 소중한 경험이 되었다.

한 달 전쯤 '앞으로 제 시는 어디로 가야 할까요?'라는 나의 우문愚問에, 방산芳山 선생님은 '시가 가는 대로 따라가라'는 현답을 주셨다. 눈을 반쯤 감고, 안심한 척, 시가 가는 대로 따라갈 예정이다. 그렇게 꾸준히 가다 보면, 어느 날 문득 만년설이 바라보이는 성스럽고, 경이로운 석양에 도달할 것을 기대한다.

눈보라 휘날리며 바위산 치돌아 달려가는 히말라야긴꼬리여우

추락하듯 온몸을 내리꽂아 긴꼬리여우를 덮치는 흰뺨독수리

14좌 완등을 꿈꾸며 햇살 아슬한 빙벽을 타고 오르는 산악인

평생을 건 한순간 목숨 던져 히말라야 짙푸른 하늘에 가닿는다
― 〈현대향가시회〉의 제4동인지 『송가 중의 송가』 중 「세인트 히말라야」 전문

서른 무렵, 진달래 교정에서의 윤정구 시인

봄 여름 가을 겨울, 일편단심

초판 1쇄 발행 | 2022년 1월 31일

지은이 | 윤정구
발행인 | 장문정
기　획 | 안영희
발행처 | 문예바다
　　　　등록번호 | 105-03-77241
　　　　주소 | 서울 종로구 삼일대로 30길, 21(종로오피스텔) 611호
　　　　전화 02) 744-2208
　　　　메일 qmyes@naver.com

ⓒ 윤정구, 2022. Printed in Seoul, Korea
ISBN 979-11-6115-163-2(02810)

* 이 책의 판권은 지은이와 출판사에 있습니다.
　양측의 서면 동의 없는 무단복제를 금합니다.